¿Cuál es mi rol?

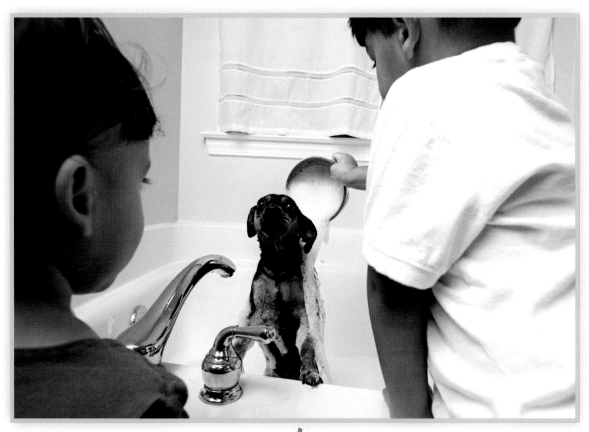

Colleen Hord

Rourke
Educational Media

rourkeeducationalmedia.com

Scan for Related Titles
and Teacher Resources

www.rourkeeducationalmedia.com

PHOTO CREDITS: Cover: © Nytumbleweeds; Title Page: © Mari; Page 3: © JBryson; Page 5: Cathy Yeulet; Page 7: © Abdul Sami Haqqani; Page 9: © PenelopeB; Page 11: © ktaylorg; Page 13: © jgroup; Page 15: © Pavel Losevsky; Page 16: © Greg Epperson; Page 17: © Igor Vorobyov; Page 18: © CraigRJD; Page 19: © Kontrec; Page 21: © Natalya Korolevskaya; Page 22: © CraigRJD, Daniel Korzeniewski, Anthony Aneese Totah Jr.; Page 23: © PenelopeB, Cathy Yeulet, JBryson

Edited by: Meg Greve
Traducido y editado por Danay Rodríguez.

Cover design by Tara Ramo
Interior design by Teri Intzegian

Library of Congress PCN Data

¿Cuál es mi rol? / Colleen Hord.
(El Pequeño Mundo de Estudios Sociales)
ISBN 978-1-61741-794-8 (hard cover - english) (alk. paper)
ISBN 978-1-61741-996-6 (soft cover - english)
ISBN 978-1-61236-712-5 (e-Books - english)
ISBN 978-1-63430-137-4 (hard cover - spanish)
ISBN 978-1-63430-163-3 (soft cover - spanish)
ISBN 978-1-63430-189-3 (e-Book - spanish)
Library of Congress Control Number: 2014953717

Also Available as:

Rourke Educational Media
Printed in the United States of America,
North Mankato, Minnesota

Rourke
Educational Media

rourkeeducationalmedia.com

customerservice@rourkeeducationalmedia.com
PO Box 643328 Vero Beach, Florida 32964

¿Te has preguntado alguna vez si puedes hacer la diferencia de los demás?

¡Pues sí puedes! Tú puedes hacer la diferencia en los **roles** que juegas en tu casa, en tu escuela y en tu **comunidad**.

Tu rol es ser **responsable** y solidario dondequiera que estés.

En tu casa, haces la diferencia cuando ayudas con las **tareas** del hogar y cuando eres amable con los miembros de tu familia.

Tu rol en la escuela es seguir las reglas y ser servicial con tus compañeros y profesores.

Tú puedes hacer la diferencia en la escuela cuando juegas con alguien que no tiene a alguien más con quien jugar y al prestarle atención a tus maestros.

¿sabías que?

Los Boy Scouts y los Girl Scouts son clubes para ir después de la escuela. Los niños y las niñas aprenden habilidades de liderazgo y donan su tiempo para ayudar a otros.

Tú puedes hacer la diferencia en tu comunidad cuando trabajas como **voluntario**.

Los voluntarios donan su tiempo y ayudan a otros.

Puedes ser un voluntario en tu comunidad visitando a las personas mayores o recogiendo la **basura** de las calles.

¿Puedes pensar en otras formas
en que puedes ser un voluntario?

¿sabías que?

Hábitat para la Humanidad es un grupo de voluntarios de todas las edades que ofrecen su tiempo y recursos para construir casas para las personas que no tienen.

No necesitas ser un adulto para hacer la diferencia. ¡Tú puedes hacer la diferencia ahora!

Glosario Ilustrado

 **basura**: Residuos desechados y otros desperdicios tales como periódicos viejos, restos de alimentos o latas vacías que quedan en el suelo.

 **comunidad**: Un lugar donde un grupo de personas viven, trabajan y se preocupan el uno por el otro.

 **responsable**: Las personas que son responsables son sensibles y confiables.

roles: Las funciones que se espera que cumplas siendo responsable y solidario en el hogar, en la escuela o en tu comunidad.

tareas: Pequeños trabajos como tender tu cama o sacar la basura son llamados tareas del hogar.

voluntario: Alguien que se ofrece a hacer un trabajo sin que se le pague.

Índice

Sitios Web

www.kidskorps.org

www.habitat.org/youthprograms

www.slp.kiwanis.org/kkids/home.aspx

Acerca del Autor

Colleen Hord vive en una pequeña granja con su esposo, llamas, gallinas y gatos. Ella disfruta el kayak, acampar, caminar en la playa y leerle cuentos a sus nietos.

Simon finds a feather

Gilles Tibo

Tundra Books

My name is Simon and I love birds.

When the days grow warm
I run outside to play with them.

One day a red feather floats gently down.

What bird could have lost it?

I go to the barnyard and hold out the feather.

"Not ours," says the Chicken.
"Our only reds are on top of our heads."